# ENGLISH & SPANISH CROSSWORD PUZZLES FOR KIDS

Woo! jr
KIDS ACTIVITIES

Woo! Jr. Kids Activities Founder: Wendy Piersall
Junior Art Director: Lilia Garvin
Cover Illustration: Michael Koch | Sleeping Troll Studios www.sleepingtroll.com

Published by:
Wendybird Press
226 W. Judd
Woodstock IL, 60098
www.wendybirdpress.com

ISBN-13: 978-0997799361
ISBN-10: 0997799366

wendybird
press

# How to Play Crosswords!
# ¡Cómo Jugar Con Crucigramas!

Use the clues to guess the correct words to fill the puzzle! Use written clues, number of letters, and previous answers to get the right answers.

Usa las pistas para adivinar las palabras correctas y completar el crucigrama. Usa las pistas escritas, los números de letras y las respuestas anteriores para obtener las respuestas correctas.

Sometimes the answer to a clue will be more than one word, like "Word Puzzle" above. These written clues will be marked with a (2), (3) or (4) indicating the number of words.

A veces la respuesta a una pista será más de una palabra, como "Word Puzzle" arriba. Estas pistas escritas serán marcadas con un (2), (3) o (4) indicando el número de palabras.

# Family

## Across

3. The father of one of your parents.
6. The sister of your mother or father.
7. This is a sibling who is a boy.
8. A woman who raises and nurtures a child.

## Down

1. The child of your aunt or uncle.
2. A man who raises and nurtures a child.
3. The mother of one of your parents.
4. This is a sibling who is a girl.
5. The brother of your mother or father.

# Familia

## Horizontales

3. Persona de sexo masculino que tiene tus mismos padres.
5. El padre de uno de tus padres.
7. La hermana de tu madre o de tu padre.
8. Mujer que cría y educa a un hijo.
9. Hombre que cría y educa a un hijo.

## Verticales

1. El hermano de tu madre o de tu padre.
2. El hijo de tu tía o de tu tío.
4. Persona de sexo femenino que tiene tus mismos padres.
6. La madre de uno de tus padres.

## Across

2. A marine animal that comes in a variety of colors and sizes.
5. A small rodent that likes to run on a metal wheel.
8. A colorful talking bird.
10. A large hooved mammal that people can ride.

## Down

1. A reptile with a long tail.
3. A feline mammal with whiskers known for its curiosity.
4. A small mammal with very soft fur and long ears.
6. A long reptile with no arms or legs that senses things with its tongue.
7. A reptile that lives in a hard shell.
9. A canine mammal that makes a barking sound.

# MASCOTAS

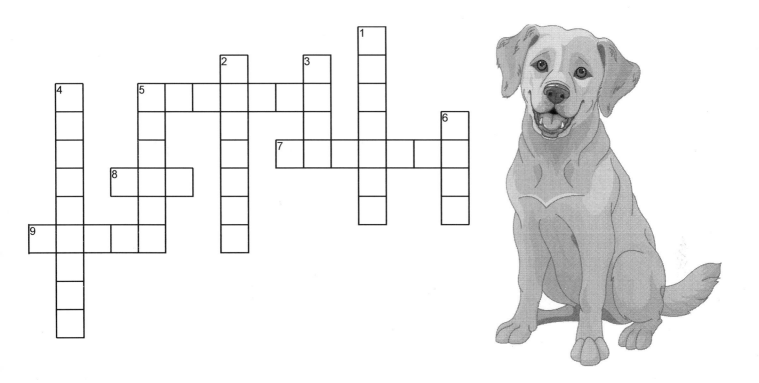

## Horizontales

5. Mamífero con pezuñas que las personas pueden montar.
7. Reptil que vive en una concha dura.
8. Animal marino que existe en una diversidad de colores y tamaños.
9. Mamífero canino que ladra.

## Verticales

1. Pequeño roedor al que le gusta correr en una rueda de metal.
2. Reptil con una cola larga.
3. Ave colorida que habla.
4. Reptil largo sin brazos ni piernas que detecta las cosas con su lengua.
5. Mamífero pequeño con pelaje muy suave y orejas largas.
6. Animal felino con bigotes conocido por su curiosidad.

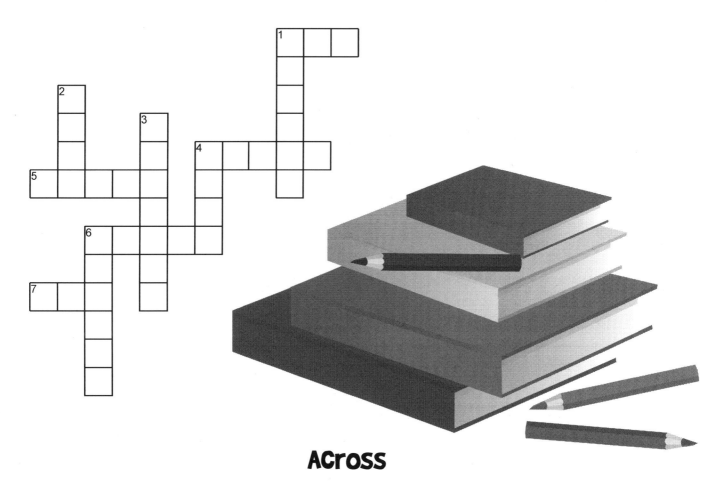

## Across

1. People have this many fingers or toes.
4. Half a century, or five decades, or ten times five.
5. Often considered a "lucky" number, or four plus three.
6. The number between two and four.
7. The first number.

## Down

1. Three times ten, or six times five, or two times fifteen.
2. The number between eight and ten.
3. The number of years in a century.
4. You have this many fingers on one hand, or toes on one foot.
6. Two times ten, or four times five.

## Horizontales

3. Uno tiene esta cantidad de dedos en una mano o en un pie.
4. Dos veces diez o cuatro veces cinco.
7. Tres veces diez o seis veces cinco o dos veces quince.
8. El número entre el ocho y el diez.

## Verticales

1. El primer número.
2. Las personas tienen esta cantidad de dedos en las manos o en los pies.
3. La mitad de un siglo o cinco décadas o diez veces cinco.
5. El número de años que tiene un siglo.
6. A menudo se le considera un número de la "suerte" o cuatro más tres.
7. El número entre el dos y el cuatro.

# Days of the week

## Across

2. The first day of the calendar week.
5. The fifth day of the week, named after the Old Norse god Thor.
6. The first day of the school week.
7. The day of the week named after the Roman god Saturn.

## Down

1. The middle day of the week.
3. The day of the week between Monday and Wednesday.
4. The last day of the school week.

# Días De la Semana

## Horizontales

3. Primer día de la semana.
4. Día de la semana entre lunes y miércoles.
6. Último día de la semana escolar.
7. Primer día de la semana escolar.

## Verticales

1. Día de la semana que lleva el nombre del dios romano Saturno.
2. Día medio de la semana.
5. Quinto día de la semana.

## Across

1. The month when people in the U.S. celebrate Independence Day with fireworks.
6. The month in which autumn arrives.
7. The eighth month of the year.
8. The month when Thanksgiving is celebrated in the U.S.
9. The fifth month of the year when Memorial Day is celebrated.
10. The third month of the year when the first day of spring occurs.
11. The fourth month of the year, known for its rain showers.

## Down

1. The first month of the year.
2. The month when Halloween is celebrated.
3. The month in which Valentine's Day is celebrated.
4. The month when the first day of winter occurs and Christmas is celebrated.
5. The sixth month of the year when the first day of summer occurs.

## Horizontales

3. El sexto mes del año en que tiene lugar el primer día de verano.
6. El mes en que se celebra el Día de San Valentín.
8. El cuarto mes del año, conocido por sus lluvias.
9. El mes en que llega el otoño.
10. El tercer mes del año en el cual tiene lugar el primer día de primavera.

## Verticales

1. El mes en que se celebra Halloween.
2. El mes en que tiene lugar el primer día de invierno y se celebra la Navidad.
3. El mes en que las personas de EE.UU. celebran el Día de la Independencia con fuegos artificiales.
4. El mes en que se celebra el Día de Acción de Gracias en EE.UU.
5. El octavo mes del año.
7. El primer mes del año.
10. El quinto mes del año en el que se celebra el Día de los Caídos.

# Time

## Across

2. There are 52 in a year, each one lasting seven days.
4. Sixty minutes.
6. Sixty seconds or 1/60th of an hour.
7. There are 12 in a year, and each one is made up of about four weeks.
9. A period of three months; there are four of these per year.

## Down

1. 365 days, one revolution of the earth around the sun, or twelve months.
3. The middle of the day when the sun reaches its highest point.
5. A very short unit of time; the blink of an eye or 1/60th of a minute.
6. The middle of the night, when one day changes to the next.
8. There are seven per week, each one lasting 24 hours.

## Horizontales

5. Un periodo de tres meses; hay cuatro de estos por año.
6. Una unidad de tiempo muy breve; el parpadeo de un ojo, ó 1/60 de un minuto.
7. 365 días, un giro de la tierra alrededor del sol, o doce meses.
8. Sesenta minutos.
9. Hay siete por semana, cada uno dura 24 horas.

## Verticales

1. Sesenta segundos ó 1/60 de una hora.
2. La mitad de la noche, cuando un día cambia al siguiente.
3. Hay 12 en un año y cada uno se compone de alrededor de cuatro semanas.
4. La mitad del día, cuando el sol alcanza su punto más alto.
6. Hay 52 en un año, cada una dura siete días.

## Across

3. This holiday honors people who have died, and has roots in Mexico. (4 words)
6. You might see colorful leaves and go trick or treating during this season.
8. This holiday celebrates a big change in the calendar at the beginning of January. (2 words)
9. A December holiday celebrated with red and green decorations and placing strings of lights on an evergreen tree.
10. Gather with family to eat roasted turkey with mashed potatoes and pie for dessert on this November holiday.

## Down

1. A spring holiday featuring colored eggs and a friendly bunny bearing gifts.
2. An eight-day Jewish winter holiday celebrated by lighting a candle every night for eight nights.
4. We celebrate Independence Day during this warm season.
5. We celebrate Christmas and likely see snow during this season.
7. We celebrate Easter during this rainy season.

## Horizontales

5. Festividad para honrar a las personas que han muerto y tiene raíces en México. (4 palabras)
8. En esta estación cálida celebramos el Día de la Independencia.
9. En esta estación celebramos la Navidad y es probable que veamos caer nieve.
10. Reúnete con la familia para comer pavo asado con puré de papas y pastel de postre en este feriado de noviembre. (3 palabras)

## Verticales

1. Festividad que celebra un gran cambio en el calendario a principios de enero. (2 palabras)
2. Feriado en primavera que se festeja con huevos de colores y un amistoso conejo con regalos.
3. Estación en que es posible que veas hojas coloridas y salgas a pedir dulces.
4. Celebramos la Pascua durante esta estación lluviosa.
6. Fiesta en diciembre celebrada con adornos rojos y verdes y colocando luces en árboles de hoja perenne.
7. Festividad judía que dura ocho días en invierno, celebrada encendiendo una vela todas las noches durante ocho noches.

# Winter

## Across

1. The temperature outside on a winter day usually feels _____.
2. You wrap this around your neck to stay warm outside.
3. You wear these on your feet to play in snow.
6. A "person" shaped from three balls of snow stacked on top of each other.
7. Frozen water that falls from the sky as delicate crystals.
8. Knitted hand coverings.

## Down

1. A December holiday when Santa Claus gives gifts to children.
3. The parts of a tree that have no leaves in the winter.
4. A flightless bird that lives in Antarctica and can swim.
5. In winter, the sun is up for fewer hours than in summer, so the days are _____.

## Horizontales

4. Una "persona" formada por tres bolas de nieve apiladas una encima de la otra. (3 palabras)
5. Se usan en los pies para jugar en la nieve.
6. Agua congelada que cae del cielo en forma de delicados cristales.
7. Festividad de diciembre en la que Papá Noel da regalos a los niños.
8. Cuando la temperatura está baja en un día de invierno, sientes _____.
9. Las partes de un árbol que no tienen hojas en invierno.

## Verticales

1. Cubiertas tejidas para las manos.
2. En invierno, el sol brilla menos horas que en verano, por lo tanto los días son _____.
3. Ave no voladora que vive en la Antártida y que puede nadar.
5. La envuelves alrededor de tu cuello para estar abrigado.

## Across

1. In spring, the weather changes often, which can feel _____.
3. A spring holiday featuring a friendly bunny and colorful painted eggs.
5. A multicolored arc of colors caused by the sun shining through rain.
6. A buzzing insect that makes honey.
8. Small bumps on a plant or tree that show a flower or leaves about to bloom.

## Down

1. The sound of singing birds.
2. The opposite of cool.
4. The colorful parts of a plant with soft petals.
5. Water falling from the sky.
7. This is fun to play in or make "pies" with when rain mixes with dirt.

## Horizontales

5. Arco de múltiples colores causado por el sol que brilla a través de la lluvia. (2 palabras)
6. Las partes coloridas de una planta con pétalos suaves.
9. En primavera, cuando el clima cambia a menudo, uno puede sentirse
    _____.
10. Una festividad de primavera caracterizada por un simpático conejito y huevos pintados de colores.

## Verticales

1. Lo opuesto a frío.
2. Pequeñas protuberancias en una planta o árbol que muestran una flor u hojas a punto de florecer.
3. Es divertido jugar en él o hacer "pasteles" con él cuando la lluvia se mezcla con la tierra.
4. El sonido del canto de las aves.
7. Agua que cae desde el cielo.
8. Un insecto zumbante que elabora miel.

## Across

5. A yummy frozen treat served on a stick.
7. The opposite of work; something you do outside in summer.
9. You can often hear these insects chirping at night.
10. The closest star to the earth that provides light and warmth.

## Down

1. Gatherings of people to celebrate an event, usually featuring food and music.
2. During summertime, the sun is up for more hours than in winter, so the days are _____.
3. You get a break from learning in this place during the summer months.
4. The sandy area along a body of water.
6. A trip taken away from home.
8. Warmth, or high temperatures.

## Horizontales

3. Calidez o temperaturas altas.
5. Un delicioso helado congelado servido en un palo.
6. En este lugar tienes un período de descanso de las clases durante los meses de verano.
8. Lo opuesto de trabajar; algo que se hace afuera en verano.
9. Reuniones de personas para celebrar un evento, generalmente con comida y música.

## Verticales

1. Un viaje que te lleva fuera de casa.
2. Insectos a los que a menudo puedes escuchar de noche hacer cri-cri.
4. Durante el verano el sol brilla más horas que en invierno, por lo tanto los días son _____.
5. La zona arenosa a lo largo de una masa de agua.
7. La estrella más cercana a la Tierra que proporciona luz y calor.

## Across

5. An orange vegetable used to carve Jack O' Lanterns.
7. A garden tool used to capture fallen leaves from the yard.
9. The ninth month of the year, when autumn begins.
10. A vegetable that grows inside a green husk with yellow kernels inside.

## Down

1. The seed produced by oak trees.
2. A small, usually brown mammal with a long, fuzzy tail that lives in trees.
3. A type of fruit that can be red or green and is baked in pies.
4. The gathering of crops at the end of the growing season.
6. A dummy used to scare away birds and other animals from eating a farm's crops.
8. The flat, usually green parts of a plant that grow from a stem or branch.

# Otoño

## Horizontales

8. Muñeco usado para ahuyentar a las aves y a otros animales y evitar que se coman las cosechas.
10. Vegetal naranja usado para tallar linternas de Halloween.

## Verticales

1. Herramienta de jardinería utilizada para recoger hojas caídas del patio.
2. Noveno mes del año, cuando comienza el otoño.
3. Partes planas y mayormente verdes de una planta, crecen de un tallo o rama.
4. Tipo de fruta de color rojo o verde que se hornea en tartas.
5. Mamífero pequeño, usualmente marrón, vive en los árboles y tiene una cola larga y peluda.
6. Recolección de cultivos al final de la temporada de crecimiento.
7. Semilla producida por los robles.
9. Vegetal que crece dentro de hojas verdes con granos amarillos dentro.

## Across

3. A large yellow vehicle that transports students to and from school. (2 words)
5. You hold these in your hand to cut paper or fabric.
6. A bundle of lined paper bound with wire at one edge.
7. A writing instrument filled with ink.
9. A wooden writing instrument you can sharpen.

## Down

1. A wearable bag with straps that holds your school supplies and books.
2. A container that holds your lunch.
4. School supplies made from wax and come in a variety of colors.
7. A type of material made from fine wood fiber that you write on.
8. A straight, flat object with numbered measurements marked along the edges.

## Horizontales

2. Útiles escolares hechos de cera que vienen en diversos colores.
3. Un objeto recto y plano con medidas en números marcadas a lo largo.
6. Un instrumento para escribir lleno de tinta.
7. Un bolso portátil con correas que contiene útiles escolares y libros.
8. Se sujetan con la mano para cortar papel o tela.

## Verticales

1. Un vehículo grande y amarillo que transporta a los estudiantes hacia la escuela. (2 palabras)
2. Un paquete de papel rayado atado con un alambre por un borde.
4. Un recipiente que contiene el almuerzo.
5. Un tipo de material hecho de fina fibra de madera sobre el cual se escribe.
6. Un instrumento de madera para escribir que puede afilarse.

## Across

2. One of four very large bodies of salt water on Earth.
6. An opaque blue-green mineral used to make jewelry, usually with silver.
8. A deep blue colored precious gem.
9. The area above the earth where clouds are visible.
10. A small songbird found in North America.

## Down

1. A metal container that holds letters bound for the post office.
3. A massive mammal that lives in the ocean and eats plankton.
4. A small round fruit that grows on bushes and is often baked in pies.
5. A clear semi-precious gem that is blue, green, or a combination of blue-green.
7. Casual pants made from denim fabric.

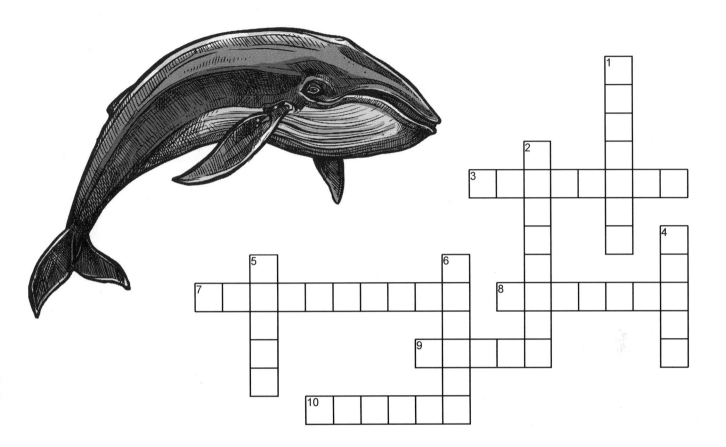

## Horizontales

3. Mineral azul verdoso opaco usado para hacer joyas, generalmente con plata.
7. Piedra semipreciosa clara de tono azul, verde o una combinación de azul y verde.
8. Mamífero enorme que vive en el océano y come plancton.
9. Área sobre la tierra donde las nubes son visibles.
10. Una de las cuatro grandes masas de agua salada en la Tierra.

## Verticales

1. Pájaro cantor pequeño que vive en América del Norte.
2. Fruta pequeña y redonda que crece en arbustos y suele hornearse en tartas.
4. Pantalones casuales hechos de mezclilla.
5. Contenedor de metal para cartas con destino a la oficina de correos.
6. Piedra preciosa de color azul oscuro.

## Across

4. A thick, smelly substance used to patch cracks in roads.
5. The time of day between sunset and sunrise.
6. A writing surface found on the walls in some classrooms.
7. A formal suit worn by men during special occasions like weddings.
8. A whiskered mammal that symbolizes Halloween and might bring bad luck.
9. The rubber part of the wheel of a car or bicycle.

## Down

1. This mammal is the largest primate on Earth.
2. A flying mammal that uses sonar to navigate.
3. A type of candy that comes in long, ropy strands and has a very strong flavor like anise.
6. A bird with glossy black feathers that makes a cawing sound.

## Horizontales

5. Parte de caucho de las ruedas de un automóvil o bicicleta.
8. Sustancia espesa y maloliente utilizada para reparar grietas en carreteras.
9. Momento del día entre el atardecer y el amanecer.
10. Tipo de dulce que viene en hebras largas y filamentosas y tiene sabor muy fuerte como el anís.

## Verticales

1. Mamífero volador que usa un sonar para navegar.
2. Pájaro con plumas negras brillantes que hace un sonido de graznido.
3. Traje formal usado por hombres en ocasiones especiales como bodas.
4. Mamífero con bigotes que simboliza Halloween y puede traer mala suerte.
6. Este mamífero es el primate más grande de la Tierra.
7. Superficie para escribir colocada en las paredes de algunas aulas.

## Across

4. A type of vegetable that grows on vines and is used to make salsa and pasta sauce.
6. A fruit that is delicious but difficult to eat because it is filled entirely with seeds.
9. A type of fruit that grows in patches and has tiny seeds on the outside.
10. A precious gemstone that is dark red in color.

## Down

1. A small vegetable that tastes very spicy. (2 words)
2. A songbird with a distinct loud song and a crest on top of its head.
3. A marine animal with two large claws and a long, shell-covered tail.
5. A type of flower associated with love that has thorns on its stem.
7. A small round fruit with a pit at the center, often baked in pies.
8. A small round insect with tiny black spots on its wings.

## Horizontales

6. Fruta que crece a nivel del suelo y tiene pequeñas semillas en el exterior.
8. Pájaro cantor con un canto fuerte y peculiar y un penacho sobre la cabeza.
9. Insecto pequeño y redondo con pequeñas manchas negras en sus alas.
10. Animal marino con dos grandes pinzas y una larga cola cubierta de caparazón.

## Verticales

1. Vegetal pequeño de sabor muy picante. (2 palabras)
2. Vegetal que crece en enredaderas y se utiliza para hacer salsas y pastas.
3. Fruta pequeña y redonda con un hoyo en el centro, suele hornearse en tartas.
4. Fruta deliciosa pero difícil de comer porque está llena de semillas.
5. Flor asociada con el amor que tiene espinas en su tallo.
7. Piedra preciosa de color rojo oscuro.

# Transportation

## Across

3. Hot air is used to lift this into the sky.
5. An automobile or four-wheeled vehicle for personal use.
6. Several connected cars pulled by an engine on metal rails.
7. A large vehicle used to haul big loads.
8. This vehicle has two wheels and is powered by pedaling your legs.

## Down

1. This vehicle has two wheels and is gasoline-powered.
2. Travel from place to place on foot.
3. A vehicle that travels over water.
4. A metal vehicle that flies in the sky.
8. A large yellow vehicle that takes students to and from school.

## Horizontales

2. Un vehículo que viaja sobre el agua.
5. Vehículo que tiene dos ruedas y se acciona pedaleando con las piernas.
6. Un vehículo de metal que vuela en el cielo.
8. Vehículo que tiene dos ruedas y funciona a gasolina.
9. Un automóvil o vehículo de cuatro ruedas para uso personal.

## Verticales

1. Un vehículo grande usado para transportar grandes cargas.
3. Viajar de un lugar a otro a pie.
4. Varios coches conectados impulsados por un motor sobre rieles de metal.
5. Un vehículo grande y amarillo que lleva a los estudiantes hacia la escuela.
7. Se usa aire caliente para elevarlo en el cielo.

## Across

5. This gives you a view outside from your classroom.
7. A flat wall hanging used for writing information with chalk.
8. This makes a sound when classes begin or end.
10. The leader of a school.

## Down

1. A fellow student you like to hang out with.
2. Papers bound in cardboard or thicker paper containing written information.
3. A small box that transmits sound, such as announcements from the office.
4. A flat table used for doing schoolwork.
6. An adult in charge of a classroom who helps students learn.
9. A long corridor used to walk from classroom to classroom.

## Horizontales

8. Suena cuando las clases comienzan o terminan.
9. Mesa plana utilizada para hacer las tareas escolares.
10. Pequeña caja que reproduce sonido, como anuncios de la oficina.

## Verticales

1. Autoridad más alta de una escuela.
2. Artículo plano que se cuelga en la pared usado para escribir información con una tiza.
3. Compañero de estudios con quien te gusta pasar el rato.
4. Corredor largo utilizado para caminar de un aula a otra.
5. Adulto a cargo de un aula que ayuda a los alumnos a aprender.
6. Papeles encuadernados en cartulina o papel grueso con información escrita.
7. Te permite ver fuera de tu aula.

## Across

3. Using your arms and legs to move up or down a tall upright surface.
4. The act of moving faster than walking.
6. A two wheeled vehicle with pedals that can be ridden.
7. A seat that hangs from a high pole that you move back and forth with your legs.
8. A paved or gravel walkway through a park.

## Down

1. A play area with high sides to keep sand inside.
2. A meal packed to enjoy outdoors.
5. A large plant with a trunk and branches that lives for many years.
6. A long, flat type of chair that seats more than one person.
8. A small body of water where ducks or geese may gather.

## Horizontales

3. Subir o bajar por una superficie vertical alta usando los brazos y las piernas.
6. Comida preparada para disfrutar al aire libre.
7. Asiento que cuelga de un poste alto, allí te mueves hacia adelante y hacia atrás con tus piernas.
9. Pequeña masa de agua donde pueden congregarse patos o gansos.
10. Área de juego con lados altos para mantener la arena adentro. (3 palabras)

## Verticales

1. Tipo de silla larga y plana con capacidad para más de una persona.
2. Una pasarela pavimentada o de grava a través de un parque.
4. Planta grande con un tronco y ramas que vive por muchos años.
5. Vehículo de dos ruedas con pedales que se puede montar.
8. Moverse en forma más rápida que al caminar.

# Sports

## Across

1. This sport is played on carefully mowed grass, using clubs to hit a small white ball into holes in the ground.
3. Using your legs to move very fast.
5. A game played with two or four opponents hitting a ball over a net with rackets.
6. This sport is played on an ice rink using sticks, a puck, and goals.
7. Using your body to move across water.
8. A game played on a court where teams move a ball by bouncing or throwing toward a high net.

## Down

1. A sport where athletes use their bodies to show strength, balance, and agility.
2. A game played with a bat, ball and mitts in nine innings.
4. You score points in this sport by kicking or head-butting a ball into a net.
7. Moving across snow on long, narrow waxed boards.

## Horizontales

3. Un deporte en el que los atletas usan sus cuerpos para mostrar fuerza, equilibrio y agilidad.
6. Este deporte se juega sobre una pista de hielo con el uso de palos, un disco y metas.
7. Un juego que se realiza en una cancha en la que los equipos mueven una pelota haciéndola rebotar o arrojándola hacia una red alta.
8. Usar el cuerpo para moverse a través del agua.
9. En este deporte se obtienen puntos al meter la pelota en el arco pateando con los pies o golpeándola con la cabeza.

## Verticales

1. Un juego que se realiza con dos o cuatro oponentes que golpean una pelota con raquetas por encima de una red.
2. Moverse muy rápido usando las piernas.
4. Moverse a través de la nieve sobre tablas largas y estrechas enceradas.
5. Deporte jugado sobre césped cortado, usando palos para golpear una pequeña pelota blanca hacia el interior de agujeros en el suelo.
7. Un juego que se realiza con bate, pelota y guantes en nueve entradas.

## Across

3. This person flies airplanes.
5. A professional who helps people heal.
7. Someone who grows food for others to eat.
8. This person builds things out of wood.
9. Someone who processes and sells meat.

## Down

1. A professional who keeps teeth clean, healthy, and strong.
2. A person who helps people learn.
3. A person who helps keep the peace and enforces the law.
4. A person who writes computer code.
6. Someone who creates paintings, sculptures, designs, and other creations.

# Profesiones

## Horizontales

1. Alguien que procesa y vende carne.
3. Persona que ayuda a la gente a aprender.
5. Profesional que ayuda a las personas a sanar.
7. Alguien que cultiva alimentos para que otros los coman.
8. Persona que ayuda a mantener la paz y hace cumplir la ley.
9. Persona que conduce los aviones.

## Verticales

1. Persona que construye cosas de madera.
2. Profesional que mantiene los dientes limpios, saludables y fuertes.
4. Una persona que escribe códigos de informática.
6. Alguien que crea pinturas, esculturas, diseños y otras creaciones.

## Across

2. A round toy you throw or bounce.
4. You wear this on your head to keep the sun out of your eyes.
5. The closest star to Earth that gives us daylight and warmth.
6. A broad circle of fabric on a pole used to protect against both rain and sun.
8. The movement of water that reaches peaks and crashes into the shore.

## Down

1. A rectangular piece of fabric used to dry people off.
2. A large piece of fabric used to keep you warm or to lay on top of sand at the beach.
3. A meal packed to enjoy outdoors.
5. The hard outer part of a type of animal that lives in water.
7. Rocks that have been worn down into tiny grains.

## Horizontales

3. Te lo pones en la cabeza para protegerte del sol.
4. Pieza de tela rectangular utilizada por las personas para secarse.
5. Comida preparada para disfrutar al aire libre.
8. Círculo de tela amplio con una vara usado para protegerse de la lluvia y el sol.
9. Pieza de tela grande utilizada para mantenerte caliente o para echarte sobre la arena en la playa.

## Verticales

1. Juguete redondo que tiras o haces rebotar.
2. Parte externa dura de un tipo de animal que vive en el agua.
3. La estrella más cercana a la Tierra que nos da luz y calor durante el día.
6. Rocas que se han desgastado en pequeños granos.
7. Movimientos del agua que forman picos y se rompen en la orilla.

## Across

3. A large mammal that roars and is known as "king of the jungle."
6. A large and ferocious mammal with black, brown, or white fur.
7. The largest of the great apes.
8. A large catlike mammal with orange and black stripes.
9. A marsupial mammal from Australia known for its ability to hop.

## Down

1. A horse-like mammal from Africa with black and white stripes.
2. A hooved mammal with brown spots and a very long neck.
4. A smaller kind of ape.
5. A large grey mammal with big ears known for its excellent memory.
6. A hooved animal with thick brown fur, a shaggy mane, and small white tusks.

## Horizontales

4. Mamífero marsupial de Australia conocido por su habilidad para saltar.
6. Mamífero grande y feroz con pelaje negro, marrón o blanco.
7. El mayor de los grandes simios.
8. Animal con pezuñas, manchas marrones y un cuello muy largo.
9. Mamífero grande que ruge y al que se le conoce como "rey de la jungla".
10. Mamífero de África parecido a un caballo con rayas negras y blancas.

## Verticales

1. Animal con pezuñas, pelaje grueso de color marrón, una melena lanuda y pequeños colmillos blancos.
2. Mamífero felino grande con rayas de color naranja y negro.
3. Un tipo de simio más pequeño.
5. Mamífero grande de color gris con grandes orejas conocido por su excelente memoria.

## Across

5. This grows in bunches on trees and you eat one by peeling it first.
7. A small green sour citrus fruit.
8. A round citrus fruit used to make a popular breakfast drink.
9. A tree fruit that is harvested in the fall and often eaten in pies.
10. An oval-shaped stringy fruit with a large pit in the center and orange fruit inside.

## Down

1. A small red fruit grown in patches with tiny seeds on the outside.
2. This grows on vines in bunches and can be red, green, or black.
3. A large, heavy, oval-shaped fruit with a green rind, red fruit, and black seeds.
4. A yellow citrus fruit used to make a popular summer drink.
6. A fruit with long green leaves on top, spikes on the outside and yellow fruit inside.

## Horizontales

5. Cítrico amarillo utilizado para hacer una bebida popular en el verano.
7. Fruta grande, pesada y de forma ovalada con una cáscara verde, pulpa roja y semillas negras.
8. Fruta cítrica redonda utilizada para hacer una bebida popular para el desayuno.
9. Fruta fibrosa de forma ovalada con una semilla grande en el centro y pulpa anaranjada adentro.
10. Fruta cítrica pequeña de cáscara verdosa.

## Verticales

1. Crece en racimos en los árboles y se come pelándolos primero.
2. Fruto de un árbol que se cosecha en el otoño y a menudo se come en tartas.
3. Pequeño fruta roja cultivada en el suelo con pequeñas semillas en el exterior.
4. Fruta con una corona de hojas verdes en la parte superior, espinas en el exterior y pulpa amarilla en el interior.
6. Crece en vides en racimos y puede ser roja, verde o negra.

## Across

3. A carbonated drink made with sweet syrup and bubbly water.
6. A popular summer drink made from yellow citrus fruit, water, and sweetener.
7. This occurs naturally on Earth and flows in rivers, lakes, and oceans.
8. A white beverage that comes from cows.

## Down

1. A drink made from squeezed fruit and/or vegetables.
2. A hot or cold beverage made by brewing ground beans in water.
4. A blended drink made from fruit and ice.
5. A hot or cold beverage made by steeping dried leaves in water.

Made in the USA
Middletown, DE
09 September 2018

## Horizontales

4. Una bebida caliente o fría que se hace preparando los granos molidos en agua.
6. Una popular bebida de verano hecha de cítricos amarillos, agua y endulzante.
7. Una bebida hecha de fruta o vegetales exprimidos.
8. Una bebida blanca que proviene de las vacas.

## Verticales

1. Una bebida licuada hecha de frutas y hielo.
2. Una bebida caliente o fría que se hace dejando reposar hojas secas en agua.
3. Se produce de forma natural en la Tierra, y fluye por los ríos, lagos y océanos.
5. Una bebida carbonatada hecha de jarabe dulce y agua con burbujas.

# Computers

## Across

2. A cross between a computer and a mobile device with a flat touch screen.
7. A flat surface you tap to type on. (2 words).
8. The adjustable level of sound a device makes.
9. A pen-like pointed device used to tap and write on touch screens.
10. What you do when you type words in a web browser to find information.

## Down

1. This is also known as the "world wide web".
3. The screen portion of a computer or laptop.
4. An electronic device you can carry with you.
5. A small device that lets you click to point at things on a computer screen.
6. A flat surface with lettered and numbered buttons for typing.

# Computadoras

## Horizontales

2. Una superficie plana que se toca para escribir. (2 palabras)
3. Un pequeño dispositivo que te permite hacer clic para señalar las cosas en la pantalla de una computadora.
7. A esto también se le conoce como "world wide web".
8. Lo que haces cuando escribes palabras en un navegador web para encontrar información.
9. Un cruce entre una computadora y un dispositivo móvil con una pantalla táctil plana.

## Verticales

1. Un dispositivo con punta en forma de lápiz que se usa para tocar o escribir en pantallas táctiles. (2 palabras)
3. La pantalla de una computadora o laptop.
4. Una superficie plana con botones con letras o números para escribir.
5. Un dispositivo electrónico que se puede llevar consigo.
6. El nivel ajustable de sonido que tiene un dispositivo.

## Across

3. A public road in a city or town.
4. A young pet mammal under one year old that makes noise by barking.
6. The elected leader of a town or city.
8. A concrete walkway that is separate from the street.
9. A building designed for a single family to live in.

## Down

1. A person who lives next door to you.
2. A place where you go shopping.
4. An official who keeps the peace and enforces the law. (2 words)
5. A public space for enjoying nature and playing at a playground.
7. An automobile, or four-wheeled vehicle for personal use.

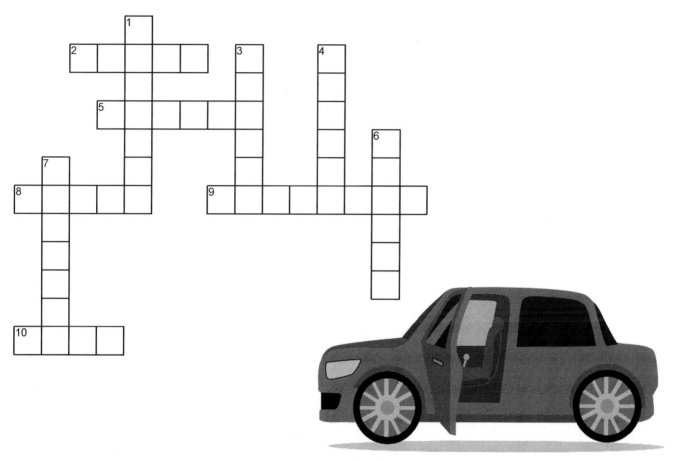

## Horizontales

2. Una vía pública en una ciudad o pueblo.
5. Un espacio público para disfrutar de la naturaleza y jugar.
8. Un automóvil o vehículo de cuatro ruedas para uso personal.
9. Un mamífero mascota de menos de un año de edad que ladra.
10.  Una construcción diseñada para que viva una sola familia.

## Verticales

1. El líder electo de un pueblo o ciudad.
3. Un lugar donde uno va a comprar.
4. Una persona que vive a tu lado.
6. Un camino de concreto que está separado de la calle.
7. Un oficial que mantiene la paz y hace cumplir la ley.

## Across

2. The end of a pipe where water comes out into a sink.
4. A sharp kitchen tool used to cut food.
5. A space that gets very hot for baking and broiling food.
6. A fabric smock that ties at the waist worn while cooking.
8. A tall rectangular appliance that keeps food cold.
10. To prepare food by heating it.

## Down

1. A round, flat object used to hold a meal or snack.
3. Metal items used to eat, scoop, or cut food.
7. The place where you rinse dirty dishes.
9. Things that you eat.

# En la Cocina

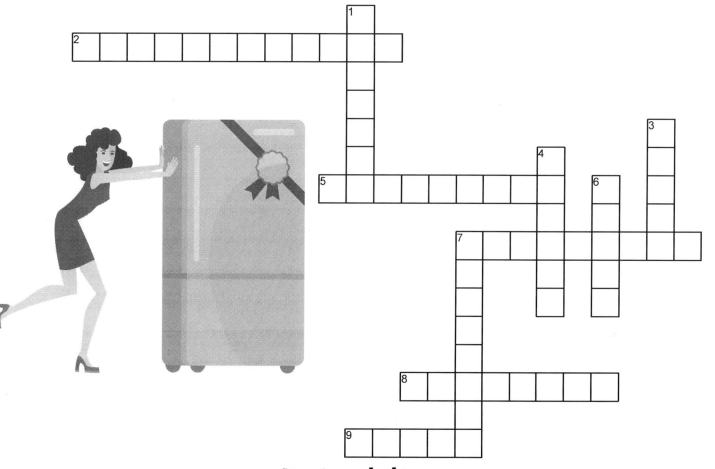

## Horizontales

2. Aparato rectangular alto que mantiene los alimentos fríos.
5. Lugar donde lavas los platos sucios.
7. Artículos de metal utilizados para comer, servir o cortar alimentos.
8. Prenda de tela que se ata en la cintura y se usa mientras se cocina.
9. Extremo de una tubería por donde sale el agua a un fregadero.

## Verticales

1. Preparar alimentos calentándolos.
3. Objeto plano y redondo usado para colocar una comida o merienda.
4. Lo que comes.
6. Espacio que se calienta mucho y sirve para hornear y asar alimentos.
7. Utensilio de cocina afilado utilizado para cortar alimentos.

## Across

4. A medical professional who helps treat sick or injured people.
5. Edible plants that provide lots of vitamins and minerals.
6. A clear natural liquid that we need to drink every day.
8. A special building people go to in an emergency or to have surgery.
9. Move your body in order to improve strength, agility, and fitness.

## Down

1. Vaccines or medicines given to prevent serious diseases.
2. Getting around on foot.
3. A type of major nutrient found in nuts, eggs, and meat.
5. Essential nutrients found naturally in fresh foods or by taking supplements.
7. What your body does at night when you become tired.

## Horizontales

2. Plantas comestibles que proporcionan muchas vitaminas y minerales.
5. Un edificio especial al que acuden las personas en una emergencia, o para someterse a una cirugía.
7. Vacunas o medicamentos que se administran para prevenir enfermedades graves.
8. Mover tu cuerpo a fin de mejorar tu fuerza, agilidad y forma física.
9. Un líquido natural y claro que necesitamos beber todos los días.

## Verticales

1. Desplazarse a pie.
2. Nutrientes esenciales que se hallan de forma natural en los alimentos frescos o se toman en suplementos.
3. Un tipo de nutriente principal que se halla en los frutos secos, en los huevos y en la carne.
4. Un profesional médico que ayuda a tratar a los enfermos o a las personas heridas.
6. Lo que tu cuerpo hace de noche cuando estás cansado.

## Across

2. This grows on top of your head.
4. You use these to chew food.
6. Clothing, towels, and bedding that needs to be washed and dried.
8. The part of a home that you walk on.
9. A flat surface often used for eating meals.
10. A flat surface often used to do homework.

## Down

1. The area under your arms that will sweat when you exercise.
3. The room in your home where you sleep.
5. A soft covering for stairs or a floor.
7. The parts of your body with fingers that you use to carry things.

## Horizontales

4. Habitación de tu hogar donde duermes.
6. Superficie plana que se usa a menudo para comer.
7. Crece en la parte superior de tu cabeza.
8. El área debajo de tus brazos que va a transpirar cuando hagas ejercicio.
9. Una cubierta suave para las escaleras o el piso.
10. Los usas para masticar comida.

## Verticales

1. Parte de una casa sobre la que se camina.
2. Partes de tu cuerpo con dedos que usas para llevar cosas.
3. Prendas, toallas y ropa de cama que debe lavarse y secarse. (2 palabras)
5. Superficie plana a menudo utilizada para hacer las tareas.

## Across

1. A building that houses a government's legislative branch.
3. The elected leader of the executive branch of the U.S. government.
4. A written rule that must be followed by all citizens.
6. Make an individual choice for a candidate for public office.
7. A public official who makes decisions about issues brought to court.
8. The elected leader of a city, town, or village.
9. The process of choosing someone for public office or deciding on an issue by voting.

## Down

1. The combined legislative bodies of the U.S. government; the House and Senate.
2. A group of people who make laws, with 2 representatives from each state.
5. The elected leader of the executive branch of a state.

## Horizontales

6. El líder electo de la rama ejecutiva del gobierno de EE. UU.
9. Órgano legislativo combinado del gobierno de los EE. UU.; la Cámara de Representantes y el Senado.
10. El líder elegido de la rama ejecutiva de un estado.

## Verticales

1. Líder elegido de una ciudad, pueblo o aldea.
2. Edificio que alberga una rama legislativa del gobierno.
3. Proceso para elegir a alguien para un cargo público o decidir sobre un tema mediante votación.
4. Grupo de personas que hacen leyes, con 2 representantes de cada estado.
5. Una regla escrita que deben cumplir todos los ciudadanos.
7. Hacer una elección individual para un candidato para un cargo público.
8. Funcionario público que toma decisiones sobre asuntos presentados ante un tribunal.

## Across

4. A person who directs the music made by an orchestra.
7. A group of musicians playing at the same time.
8. A musical instrument played by strumming strings with fingers or a pick.
9. Shapes drawn on sheet music that show a musician which sounds to play.

## Down

1. To make music using your voice.
2. A large brass instrument that plays very low notes.
3. A long silver metal tube with holes along its length that is played by blowing into one end.
4. A group of singers, or the part of a song that repeats.
5. A musical instrument with a keyboard that has 88 keys.
6. A set of hollow percussive instruments played by hitting with sticks.

## Horizontales

7. Instrumento musical con un teclado que tiene 88 teclas.
8. Instrumento musical tocado rasgando las cuerdas con los dedos o una uñeta.
9. Grupo de músicos que tocan al mismo tiempo.
10. Grupo de cantantes o parte de una canción que se repite.

## Verticales

1. Conjunto de instrumentos de percusión huecos tocados con palos.
2. Tubo largo de metal plateado con orificios a lo largo que se toca soplando en un extremo.
3. Producir música usando la voz.
4. Instrumento grande de bronce que toca notas muy bajas.
5. Persona que dirige la música tocada por una orquesta.
6. Formas dibujadas en partituras que le indican a un músico qué sonidos tocar.

# Art

## Across

5. Examples include: red, blue, and yellow.
6. A type of art that doesn't look like realistic objects.
7. Art that shows a view of the natural world.
9. Fabric stretched across a wooden frame to use as a background for painting.
10. A tool for applying paint.

## Down

1. A type of painting, drawing, or photography that depicts a person.
2. An image created using a camera.
3. To create a picture using a pencil or pen.
4. A type of art created from physical materials such as clay, bronze, or plastic.
8. To create a picture or pattern using colored liquid.

## Horizontales

5. Herramienta para aplicar pintura.
7. Imagen creada utilizando una cámara.
9. Como por ejemplo: rojo, azul y amarillo.
10. Arte que muestra una vista del mundo natural.

## Verticales

1. Tipo de obra de arte hecha con materiales como arcilla, bronce o plástico.
2. Crear una imagen o patrón usando líquido coloreado.
3. Crear una imagen utilizando un lápiz o lapicero.
4. Tipo de pintura, dibujo o fotografía que muestra a una persona.
6. Tipo de arte que no se parece a objetos realistas.
8. Tela estirada sobre un marco de madera para usar como fondo para pintar.

# Emotions

## Across

1. The opposite of happy, a feeling of sorrow.
2. A strong feeling of displeasure or being annoyed.
3. How you probably feel in your least favorite class that is very uninteresting.
6. The way you feel when you don't know what to think or don't understand.
7. A fun feeling of anticipation as you look forward to something.
8. A fun feeling of pleasure or satisfaction, like when you wake up to a snow day!

## Down

1. This is how you feel when something unexpected happens.
4. A powerful, positive emotion that is an intense feeling of affection.
5. You might feel this way after you've done something wrong.
7. How you feel when you want something that is owned by someone else.

# Emociones

## Horizontales

1. Emoción positiva y poderosa, intenso sentimiento de afecto.
2. Forma en que te sientes cuando no sabes qué pensar o no entiendes.
4. Fuerte emoción de desagrado o estar molesto.
6. Te sientes así cuando sucede algo inesperado.
7. Emoción de placer o satisfacción, como cuando te despiertas en un día que nieva.

## Verticales

1. Probablemente te sientes así en la clase que te gusta menos y que no es muy interesante.
2. Puedes sentirte de esta manera después de haber hecho algo mal.
3. Sentimiento divertido de anticipación mientras esperas algo.
4. Te sientes así cuando quieres algo que es de otra persona.
5. Lo contrario de feliz, una emoción de pena.

# Jewelry

## Across

4. A type of jewelry worn around the neck.
5. Jewelry worn on the wrist.
7. This type of jewelry is worn around a finger or even a toe.
9. A precious metal with a whitish or cool tone.
10. A precious metal with a yellowish or warm tone.

## Down

1. Worn on the wrist, this type of jewelry has a "face" for telling time.
2. Men or women wear these in holes in their earlobes.
3. Jewelry worn around the ankle.
6. A delicate type of crown.
8. A clear precious gemstone that sparkles.

# Joyas

## Horizontales

2. Metal precioso de tono amarillento o cálido.
6. Joya usada alrededor del tobillo.
7. Metal precioso con un tono blanquecino o frío.
8. Usado en la muñeca, este tipo de joya tiene una "cara" que indica la hora.
9. Hombres o mujeres los usan en orificios en los lóbulos de sus orejas.

## Verticales

1. Tipo de joya que se lleva alrededor del cuello.
3. Joyas usadas en la muñeca.
4. Este tipo de joya se usa en un dedo de la mano o también en un dedo del pie.
5. Piedra preciosa cristalina que brilla.
6. Una corona delicada.

# HOBBIES

## Across

4. The art of rhythmic movement to music.
6. Using tools to create things out of wood.
7. Riding around on two wheels by pedaling with your feet and legs.
9. Combining words in order to tell stories or share information.

## Down

1. "Board" and "video" are two common types of these.
2. A musical instrument with 88 black and white keys.
3. Enjoying the contents of a book.
5. Preparing hot meals.
7. A sport played on a diamond using a bat, ball, and mitts.
8. Create things using paint, drawing, sculpture, etc.

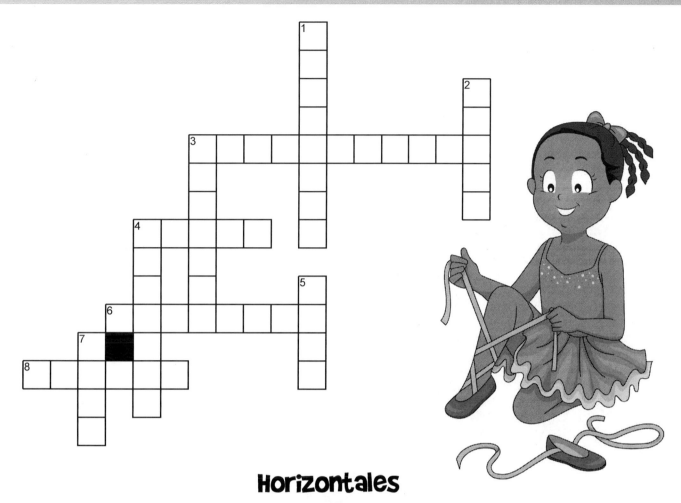

## Horizontales

3. Usar herramientas para crear cosas de madera.
4. El arte del movimiento rítmico al compás de la música.
6. Combinar palabras para contar historias o compartir información.
8. "De mesa" y "de video" son dos tipos comunes de estos.

## Verticales

1. Viajar sobre dos ruedas pedaleando con tus pies y piernas.
2. Un instrumento musical con 88 teclas negras y blancas.
3. Preparar comidas calientes.
4. Un deporte que se juega en un campo usando un bate, una pelota y guantes.
5. Crear cosas pintando, dibujando, esculpiendo, etc.
7. Disfrutar de los contenidos de un libro.

## Across

4. A popular drink during summer made with lemons, water, and sugar.
7. A ride with seats in the shape of animals that revolves in a circular motion.
8. Things that flash and blink in multi-colored displays near rides.
9. Fun challenges played in order to win prizes.

## Down

1. A reward for winning a game.
2. A carnival ride with a row of connected cars on rails. (2 words)
3. The food served at carnivals that is usually very delicious but very unhealthy. (2 words)
5. Melodic sound made with instruments often heard during carnival rides.
6. A floating bag filled with air or helium and tied to a string.
8. A row of people you must stand behind to wait to get on a ride.

## Horizontales

6. La comida que se sirve en los parques de atracciones que, por lo general, es muy deliciosa, pero muy poco saludable. (2 palabras)
8. Sonido melódico hecho con instrumentos que frecuentemente se escuchan en los parques de atracciones.
9. Cosas que producen destellos y parpadean en pantallas multicolores cerca de las atracciones.
10. Una bolsa flotante llena de aire o helio que está atada a una cuerda.

## Verticales

1. Una hilera de personas detrás de las cuales uno debe pararse para esperar para subirse a una atracción.
2. Una atracción con una hilera de vehículos conectados sobre rieles. (2 palabras)
3. Una bebida popular en el verano hecha con limones, agua y azúcar.
4. Una recompensa por ganar un juego.
5. Desafíos divertidos que se juegan para ganar premios.
7. Una atracción con asientos en forma de animales que giran en círculos.

# In the Desert

## Across

3. A small doglike mammal that howls at night.
6. A large hairy spider.
7. The opposite of cold.
8. A large insect with a jointed venomous tail.
9. A small lizard with spots or stripes.

## Down

1. The opposite of wet.
2. Clear liquid found on Earth in rivers, streams, and lakes.
3. A green desert plant with spines that are leaves.
4. A venomous reptile with a rattle at the end of its tail.
5. Rocks that have been worn down into tiny grains.

## Horizontales

4. Rocas que se han desgastado en pequeños granos.
6. Reptil venenoso con un cascabel al final de su cola. (3 palabras)
7. Planta verde del desierto con espinas que son hojas.
8. Pequeño lagarto con manchas o rayas.

## Verticales

1. Lo opuesto a mojado.
2. Lo opuesto al frío.
3. Araña grande y peluda.
4. Líquido transparente que se encuentra en la Tierra en ríos, arroyos y lagos.
5. Insecto grande con una cola venenosa articulada.
7. Pequeño mamífero parecido a un perro que aúlla por la noche.

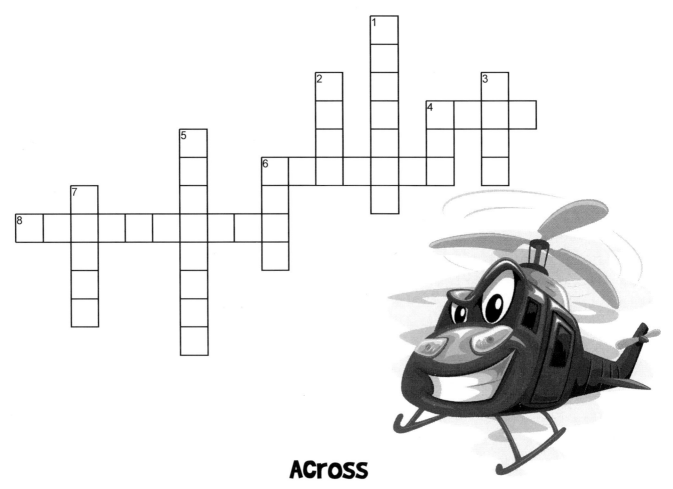

## Across

4. A type of precipitation that falls to the earth as delicate frozen crystals.
6. A colorful floating container filled with helium.
8. A type of aircraft with rotors.

## Down

1. A multicolored arc of colors caused by the sun shining through rain.
2. A type of precipitation that falls to the earth as balls of ice.
3. A large natural satellite that orbits the earth and is visible in the night sky.
4. The nearest star to Earth that provides light and warmth.
5. A metal craft with wings that flies.
6. A feathered animal that lives in a nest and can (usually) fly.
7. A collection of water particles that are visible in the sky.

# Cosas en el cielo

## Horizontales

3. Una colección de partículas de agua que son visibles en el cielo.
5. Un tipo de precipitación que cae sobre la tierra en forma de bolas de hielo.
6. Una nave de metal con alas que vuela.
7. Un tipo de precipitación que cae sobre la tierra en forma de delicados cristales congelados.
8. La estrella más cercana a la Tierra que proporciona luz y calor.

## Verticales

1. Arco de múltiples colores causado por el sol que brilla a través de la lluvia. (2 palabras)
2. Un tipo de aeronave con rotores.
4. Un satélite natural grande que orbita la Tierra y es visible en el cielo nocturno.
5. Un objeto flotante colorido lleno de helio.
6. Un animal con plumas que vive en un nido y (normalmente) puede volar.

## Across

5. A usually yellow car that carries passengers for a fee.
6. A dwelling in which multiple families live in the same building.
8. A place to eat food that is prepared for you.
9. Cars drive upon this paved surface.

## Down

1. A very tall building that looks like it touches the sky.
2. The place to go when you want to borrow a book.
3. A structure built to travel over a body of water.
4. The place where airplanes depart and arrive.
5. Several connected cars pulled by an engine on metal rails.
7. A place where historical or valuable objects are exhibited.

## Horizontales

2. Automóvil por lo general de color amarillo que transporta pasajeros cobrando una tarifa.
7. Inmueble en el que varias familias viven en el mismo edificio.
8. Varios coches conectados impulsados por un motor sobre rieles de metal.
9. Lugar desde donde salen y llegan los aviones.
10. Los autos circulan sobre esta superficie pavimentada.

## Verticales

1. Lugar al que vas cuando quieres tomar prestado un libro.
3. Lugar para comer alimentos que son preparados para ti.
4. Lugar donde se exhiben objetos históricos o valiosos.
5. Estructura construida para viajar sobre una masa de agua.
6. Edificio muy alto que parece que toca el cielo.

## Across

4. A long, narrow vessel with a pointed front that travels very fast.
8. A pattern made from the arrangement of stars in the night sky.
9. The closest star to the earth that provides light and warmth.
10. An extraterrestrial being, or a life form that is not from Earth.

## Down

1. A bright, fast-moving object seen in the night sky with a "tail."
2. A giant ball of gas in outer space visible in the night sky as small twinkling lights.
3. A large body that rotates around the sun in our solar system.
5. A massive group of stars, planets, and gases in the universe.
6. The layer of gases surrounding a planet.
7. A round satellite that orbits the earth and is often visible in the night sky.

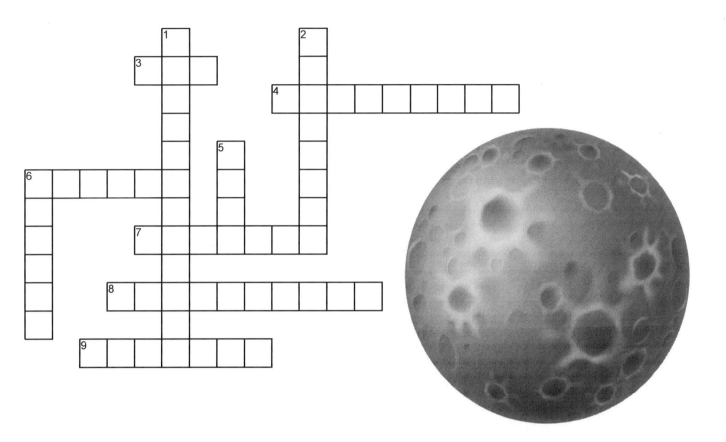

## Horizontales

3. La estrella más cercana a la Tierra que proporciona luz y calor.
4. La capa de gases que rodea un planeta.
6. Una nave larga y estrecha con la parte frontal puntiaguda que viaja muy rápido.
7. Un enorme grupo de estrellas, planetas y gases en el universo.
8. Un ser extraterrestre o una forma de vida que no es de la Tierra.
9. Un cuerpo grande que rota alrededor del sol en nuestro sistema solar.

## Verticales

1. Un patrón hecho a partir de la disposición de las estrellas en el cielo nocturno.
2. Una bola de gas gigante en el espacio exterior visible en el cielo nocturno como pequeñas luces que titilan.
5. Un satélite redondo que orbita la Tierra y a menudo es visible en el cielo nocturno.
6. Un objeto brillante de movimiento rápido que se ve en el cielo nocturno con una "cola".

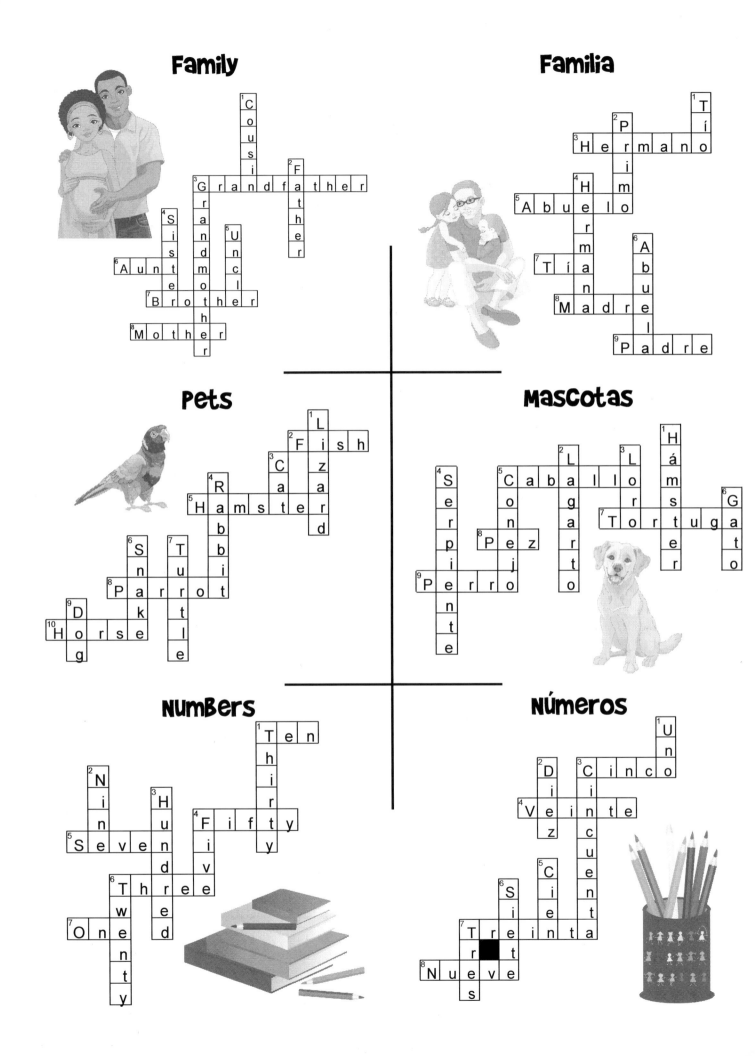

## Family

## Familia

## Pets

## Mascotas

## Numbers

## Números

# Days of the Week

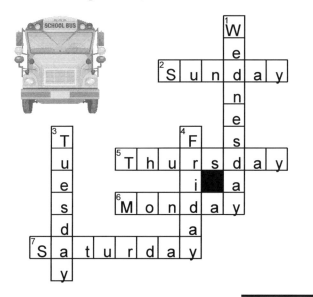

```
                    1W
                     e
              2S u n d a y
                     n
                     e
        3T        4F s
              5T h u r s d a y
         u        i █ a
         e     6M o n d a y
         s        d    a
    7S a t u r d a y    y
         d
         a
         y
```

# Días De la Semana

```
              1S
               á
               b
               a
               d    2M
          3D o m i n g o
               a    é
          4M a r t e s
                    c
            5J     o
             u     l
        6V i e r n e s
             v     s
        7L u n e s
             s
```

# Months of the Year

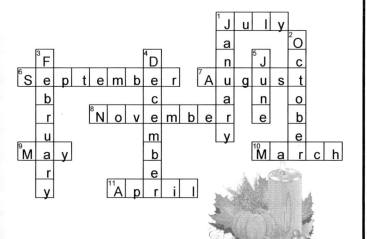

```
                    1J u l y
                     a        2O
        3F        4D  n    5J  c
    6S e p t e m b e r n   7A u g u s t
     e    e        c  a    a  o
     b    c     8N o v e m b e r
     r    e        m  r    a  e
     u    m        b       r  r
    9M a y b       e      10M a r c h
     r    e
     y  11A p r i l
```

# Meses Del Año

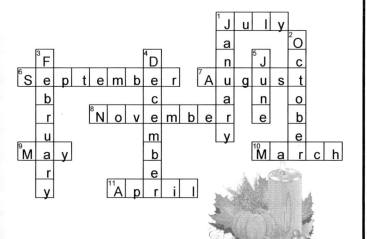

```
                              1O      3J u n i o   2D
                      4N  5A   c                    i
              6F e b r e r o   t        u           c
                      v  o    u   7E  8A b r i l     i
                      i  s    b    n   r            e
                     9S e p t i e m b r e           m
                      e  o     r   o               10M a r z o
                      m         r          M        e
                      b                    a
                      r                    y
                      e                    o
```

# Time

```
              1Y
           2W e e k
          3N █ a
          4H o u r
           o    5S
          6M i n u t e
           i    r  c
        7M o n t h  o
           d       n
           n       d
           i
          8D g
        9Q u a r t e r
           a
           y
```

# Tiempo

```
                  1M
             2M    i
             e     n
             d  3M u  4M
        5T r i m e s t r e      6S e g u n d o
             a  s  o  d          e
             n     di            m
        7A ñ o     a             a
             o    8H o r a        n
             c     d              a
             h     í
             e    9D í a
```

# HoliDays and Seasons

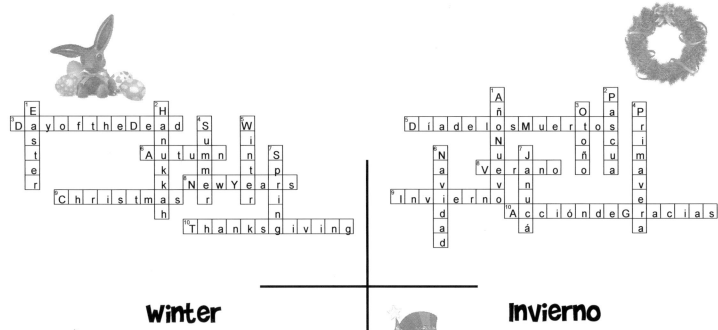

# FeriaDos y EstaCiones

**Holidays and Seasons crossword:**
- 1 (down) Easter
- 3 (across) Day of the Dead
- 2 (down) Hanukkah
- 4 (down) Summer
- 5 (down) Winter
- 6 (across) Autumn
- 7 (down) Spring
- 8 (across) New Years
- 9 (across) Christmas
- 10 (across) Thanksgiving

**Feriados y Estaciones crossword:**
- 1 (down) Año
- 2 (down) Pascua
- 3 (down) Otoño
- 4 (down) Primavera
- 5 (across) Día de los Muertos
- 6 (down) Navidad
- 7 (down) Junio
- 8 (across) Verano
- 9 (across) Invierno
- 10 (across) Acción de Gracias

# Winter

# Invierno

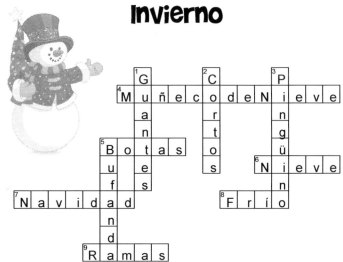

**Winter crossword:**
- 1 (across) Cold
- 1 (down) Christmas
- 2 (across) Scarf
- 3 (across) Boots
- 3 (down) Branches
- 4 (down) Penguin
- 5 (down) Shorter
- 6 (across) Snowman
- 7 (across) Snow
- 8 (across) Mittens

**Invierno crossword:**
- 1 (down) Guantes
- 2 (down) Cortos
- 3 (down) Pingüino
- 4 (across) Muñeco de Nieve
- 5 (across) Botas
- 5 (down) Bufanda
- 6 (across) Nieve
- 7 (across) Navidad
- 8 (across) Frío
- 9 (across) Ramas

# Spring

# Primavera

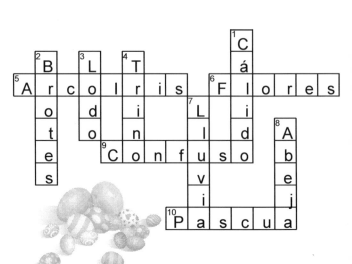

**Spring crossword:**
- 1 (across) Confusing
- 1 (down) Chirping
- 2 (down) Warm
- 3 (across) Easter
- 4 (down) Flower
- 5 (across) Rainbow
- 5 (down) Raining
- 6 (across) Bee
- 7 (across) M
- 8 (across) Buds

**Primavera crossword:**
- 1 (down) Cálido
- 2 (down) Botes
- 3 (down) Lodo
- 4 (down) Tinion
- 5 (across) Arco Iris
- 6 (across) Flores
- 7 (down) Llovi
- 8 (down) Abeja
- 9 (across) Confuso
- 10 (across) Pascua

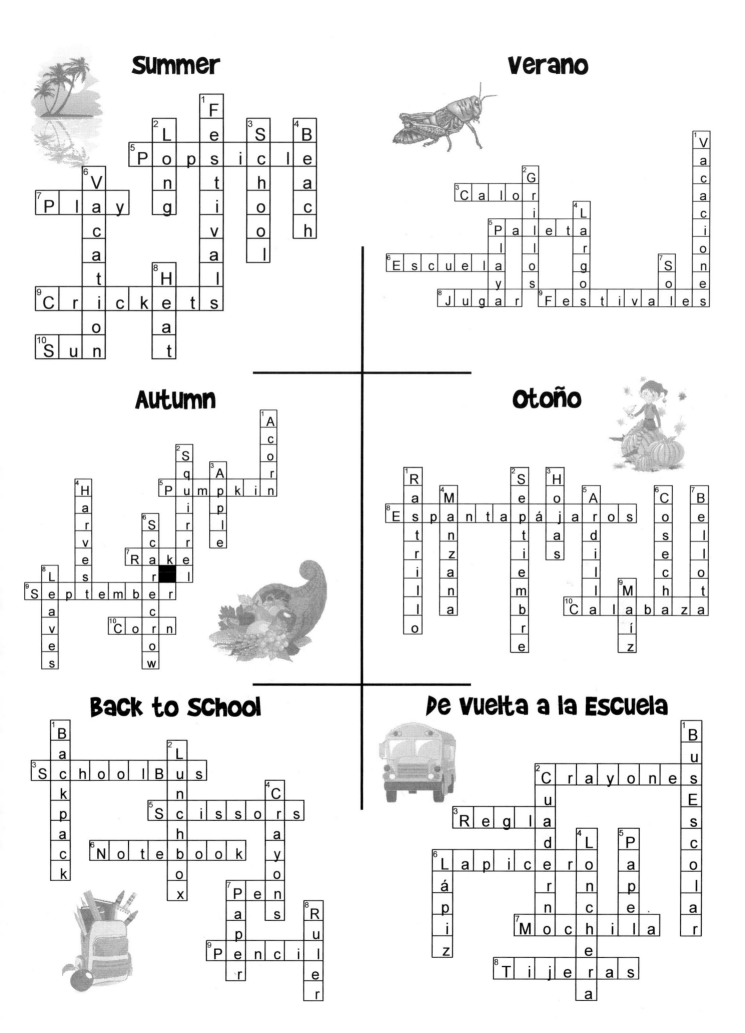

## Summer

## Verano

## Autumn

## Otoño

## Back to School

## De Vuelta a la Escuela

# Things That Are Blue

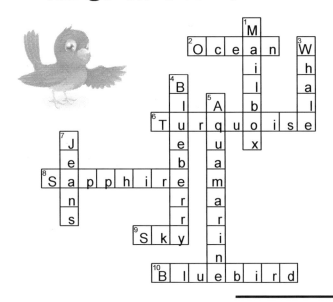

Across and down words with numbered cells:

- ²Ocean
- ⁶Turquoise
- ⁸Sapphire
- ⁹Sky
- ¹⁰Bluebird
- ¹Mailbox (down)
- ³Whale (down)
- ⁴Blueberry (down)
- ⁵Aquamarine (down)
- ⁷Jeans (down)

# Cosas De Color Azul

- ³Turquesa
- ⁷Aguamarina
- ⁸Ballena
- ⁹Cielo
- ¹⁰Océano
- ¹Azulejo (down)
- ²Arándano (down)
- ⁴Jeans (down)
- ⁵Buzón (down)
- ⁶Zafiro (down)

# Things That Are Black

- ⁴Tar
- ⁵Night
- ⁶Chalkboard
- ⁷Tuxedo
- ⁸Cat
- ⁹Tire
- ¹Gorilla (down)
- ²Bat (down)
- ³Licorice (down)
- ⁶Crow (down)

# Cosas De Color Negro

- ⁵Neumático
- ⁸Alquitrán
- ⁹Noche
- ¹⁰Regaliz
- ¹Murciélago (down)
- ²Cuervo (down)
- ³Esmoquin (down)
- ⁴Gato (down)
- ⁶Gorila (down)
- ⁷Pizarra (down)

# Things That Are Red

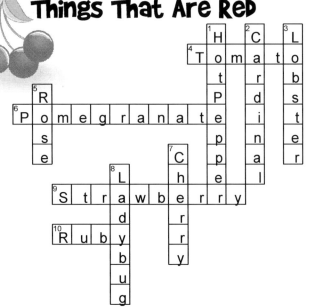

- ⁴Tomato
- ⁶Pomegranate
- ⁹Strawberry
- ¹⁰Ruby
- ¹Hotpepper (down)
- ²Cardinal (down)
- ³Lobster (down)
- ⁵Rose (down)
- ⁷Cherry (down)
- ⁸Ladybug (down)

# Cosas De Color Rojo

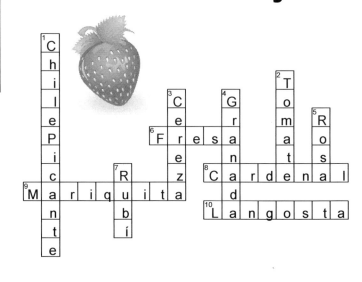

- ⁶Fresa
- ⁸Cardenal
- ⁹Mariquita
- ¹⁰Langosta
- ¹Chilepicante (down)
- ²Tomate (down)
- ³Cereza (down)
- ⁴Granada (down)
- ⁵Rosa (down)
- ⁷Rubí (down)

# Transportation

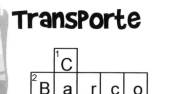

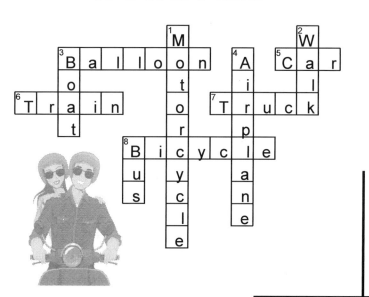

Crossword answers:
- ³Balloon
- ⁶Train
- ⁷Truck
- ⁵Car
- ⁸Bicycle
- ¹Motorcycle
- ²Walk
- ⁴Airplane
- Boat
- Bus

# Transporte

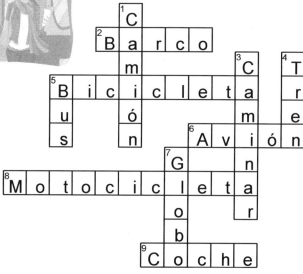

Crossword answers:
- ²Barco
- ⁵Bicicleta
- ⁸Motocicleta
- ⁶Avión
- ⁹Coche
- ¹Camión
- Bus
- ³Camión
- ⁴Tren
- ⁷Globo

# In the Classroom

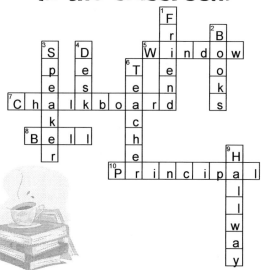

Crossword answers:
- ⁵Window
- ⁷Chalkboard
- ⁸Bell
- ¹⁰Principal
- ¹Friend
- ²Books
- ³Speaker
- ⁴Desk
- ⁶Teacher
- ⁹Hallway

# En el Aula

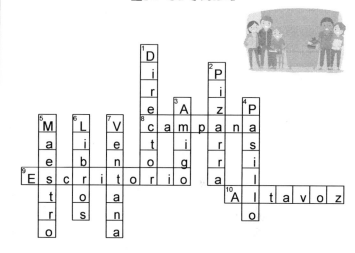

Crossword answers:
- ⁸campana
- ⁹Escritorio
- ¹⁰Altavoz
- ¹Director
- ²Pizarra
- ³Amiga
- ⁴Pasillo
- ⁵Maestro
- ⁶Libros
- ⁷Ventana

# In the Park

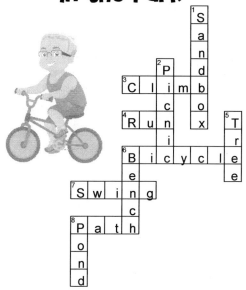

Crossword answers:
- ³Climb
- ⁴Run
- ⁶Bicycle
- ⁷Swing
- ⁸Path
- ¹Sandbox
- ²Picnic
- ⁵Tree
- Bench
- Pond

# En el Parque

Crossword answers:
- ³Escalar
- ⁶Picnic
- ⁷Columpio
- ⁹Estanque
- ¹⁰Cajón de Arena
- ¹Banco
- ²Comer
- ⁴Árbol
- ⁵Bicicleta
- ⁸Correr

# Sports

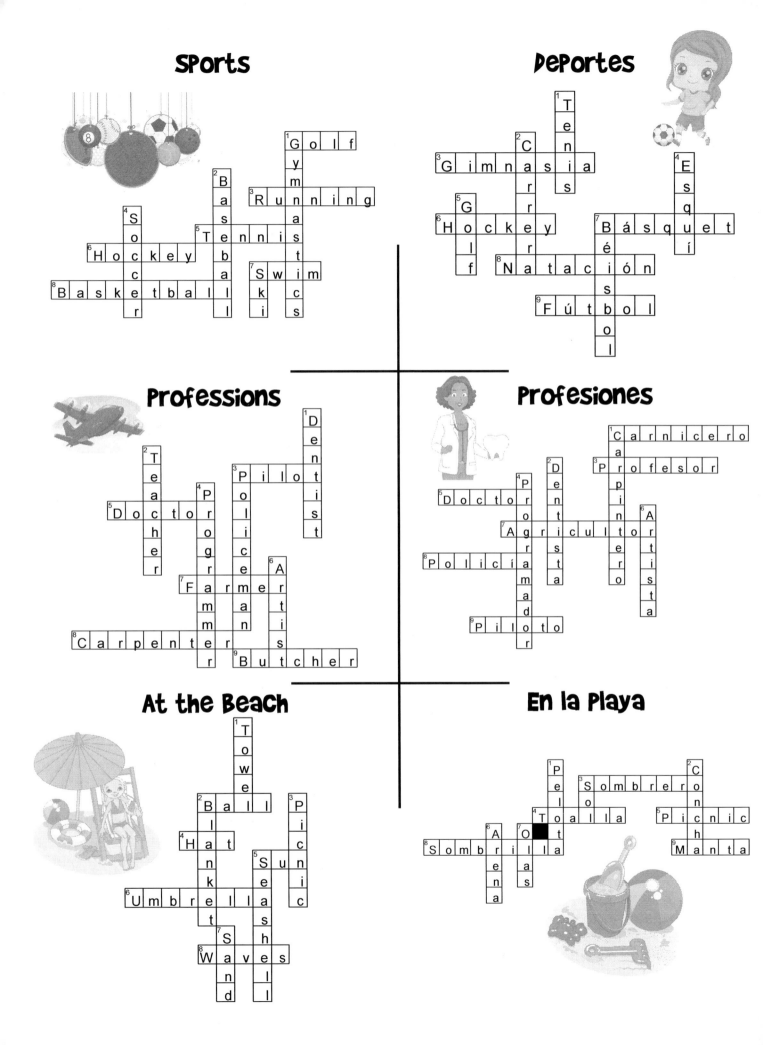

Golf
Gym
Basketball
Running
nastics
Soccer
Tennis
Hockey
Swim
Basketball
ski

# Deportes

Tenis
Carrera
Gimnasia
Esquí
Golf
Hockey
Básquet
Natación
Fútbol

# Professions

Dentist
Teacher
Pilot
Programmer
Doctor
Police
Farmer
Artist
Carpenter
Butcher

# Profesiones

Carnicero
Carpintero
Dentista
Profesor
Doctor
Agricultor
Artista
Policía
amador
Piloto

# At the Beach

Towel
Ball
Picnic
Hat
Sunic
Umbrellas
Sand
Shell
Waves

# En la Playa

Pelota
Con
Sombrero
Toalla
Arena
Sombrilla
Picnic
Manta
Gafas

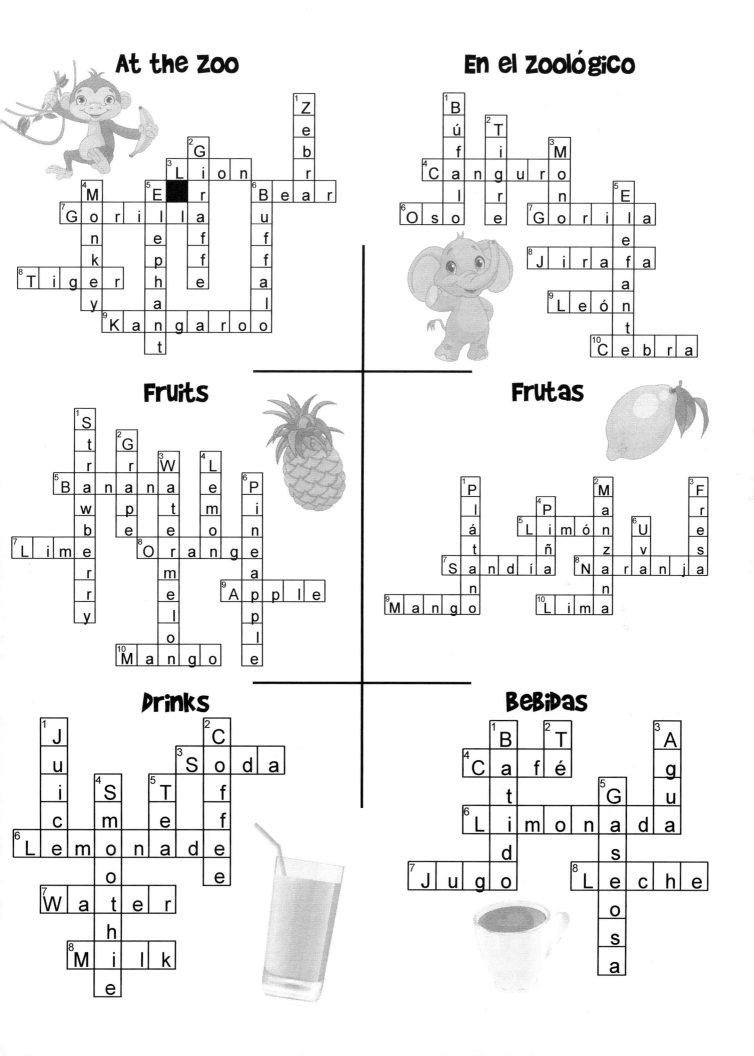

# At the Zoo

Zebra
Lion
Bear
Gorilla
Tiger
Kangaroo

# En el zoológico

Canguro
Oso
Gorila
Jirafa
León
Cebra

# Fruits

Banana
Lime
Orange
Apple
Mango

# Frutas

Limón
Sandía
Naranja
Mango
Lima

# Drinks

Soda
Lemonade
Water
Milk

# Bebidas

Café
Limonada
Jugo
Leche

# Computers

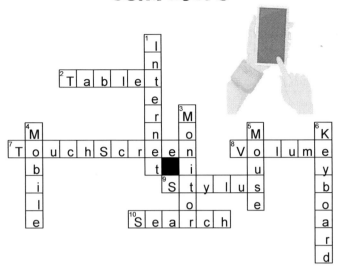

```
        ¹I
  ²T a b l e t
        t
        e        ³M
⁴M      r         o         ⁵M       ⁶K
⁷T o u c h S c r e e n     ⁸V o l u m e
 b      n         t         u        e
 i               o        ⁹S t y l u s
 l               o                   b
 e          ¹⁰S e a r c h            o
                                     a
                                     r
                                     d
```

# Computadoras

```
                    ¹L
²P a n t a l l a T á c t i l
                    p
                    i        ³M o u s e
                    z        o
⁴T      ⁵C      ⁶V  Ó        n
⁷I n t e r n e t   o  p      i
 e      l       l  l  t      t
 c      u       u ⁸B u s c a r
 l      l       m  c  i      o
 a      l       e  a
 d      r      ⁹T a b l e t
 o
```

# Around the Neighborhood

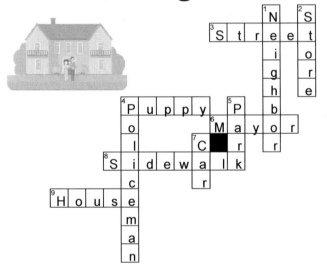

```
              ¹N  ²S
         ³S t r e e t
              i   o
              g   r
⁴P      ⁵P     h   e
 o   ⁶M a y o r b
 l   ⁷C       r
⁸S i d e w a l k
 c
⁹H o u s e m a n
```

# Por el Vecindario

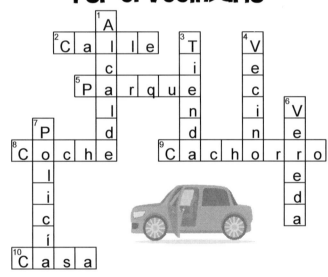

```
         ¹A
²C a l l e      ³T      ⁴V
 a             i        e
⁵P a r q u e   e        c
 l             n        i
⁷P            d        n    ⁶V
⁸C o c h e     a    ⁹C a c h o r r o
 l                          e
 i                          e
 c                          d
 í                          a
¹⁰C a s a
```

# In the Kitchen

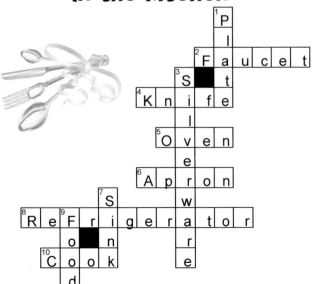

```
              ¹P
         ²F a u c e t
       ³S    t
⁴K n i f e
         l
       ⁵O v e n
         w
       ⁶A p r o n
      ⁷S  w
⁸R e F r i g e r a t o r
      o n  r
    ¹⁰C o o k
      d  e
```

# En la Cocina

```
              ¹C
²R e f r i g e r a d o r
              o
              c
              i      ⁴C    ³P
⁵F r e g a d e r o   o     l
              a      m  ⁶H a
            ⁷C u b i e r t o s
              c      d  r
              h      a  n
              i         o
            ⁸D e l a n t a l
              l
            ⁹G r i f o
```

# Staying Healthy

1. Immunizations
2. Walking
3. Protein
4. Doctor
5. Vegetables
6. Water
7. Sleep
8. Hospital
9. Exercise

(Vitamins)

# Manteniendo tu Salud

1. Caminar
2. Vegetales
3. Proteína
4. Doctor
5. Hospital
6. Dormir
7. Inmunizaciones
8. Ejercicio
9. Aguas

(Vitaminas)

# Things to Keep clean

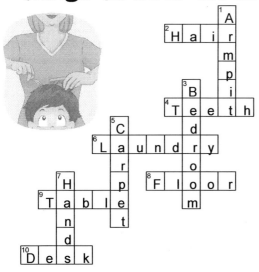

1. Armpit
2. Hair
3. Bedroom
4. Teeth
5. Carpet
6. Laundry
7. Hand
8. Floor
9. Table
10. Desk

# Cosas que Necesitas Limpiar

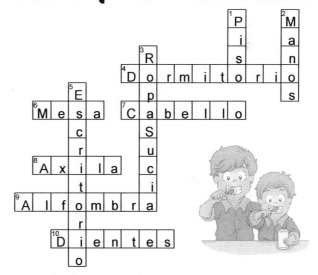

1. Piso
2. Manos
3. Ropa
4. Dormitorio
5. Escritorio
6. Mesa
7. Cabello
8. Axila
9. Alfombra
10. Dientes

(Sucio)

# United States Government

1. Capitol
2. Senate
3. President
4. Law
5. Governor
6. Vote
7. Judge
8. Mayor
9. Election

(Congress)

# Gobierno de Estados Unidos

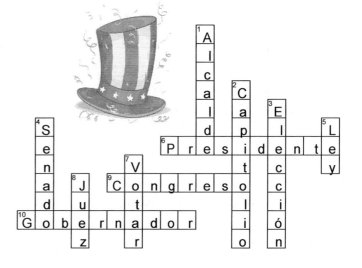

1. Alcalde
2. Capitolio
3. Elección
4. Senado
5. Ley
6. Presidente
7. Votar
8. Juez
9. Congreso
10. Gobernador

# MUSIC

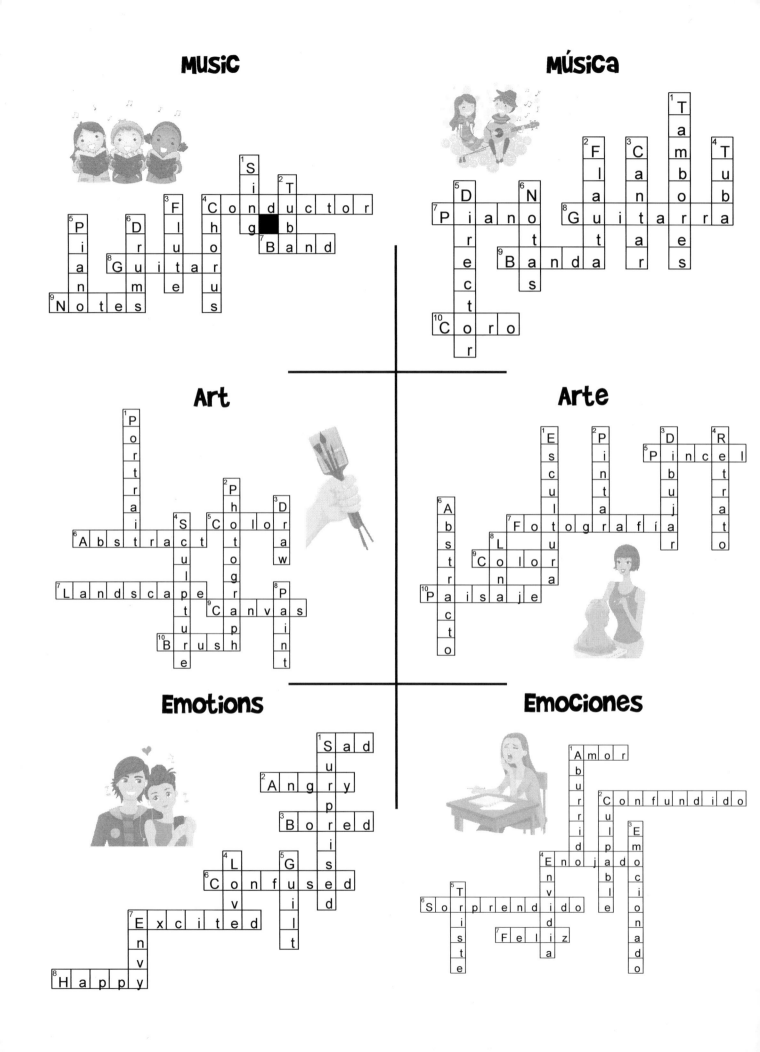

- S i [1]
- T [2]
- F [3]
- Conductor [4]
- Piano [5]
- Drum [6]
- Chorus
- Tuba
- Band [7]
- Guitar [8]
- Notes [9]

# MÚSICA

- Tambores [1]
- Flauta [2]
- Canian [3]
- Tuba [4]
- Director [5]
- Notas [6]
- Piano [7]
- Guitarra [8]
- Banda [9]
- Coro [10]

# Art

- Portrait [1]
- Photograph [2]
- Draw [3]
- Sculpture [4]
- Color [5]
- Abstract [6]
- Landscape [7]
- Paint [8]
- Canvas [9]
- Brush [10]

# Arte

- Escultura [1]
- Pintar [2]
- Dibujar [3]
- Retrato [4]
- Pincel [5]
- Abstracto [6]
- Fotografía [7]
- Línea [8]
- Colorar [9]
- Paisaje [10]

# Emotions

- Sad [1]
- Surprised
- Angry [2]
- Bored [3]
- Love [4]
- Guilt [5]
- Confused [6]
- Excited [7]
- Envy
- Happy [8]

# Emociones

- Amor [1]
- Aburrido
- Confundido [2]
- Culpable
- Emocionado [3]
- Enojado [4]
- Envidia
- Triste [5]
- Sorprendido [6]
- Feliz [7]

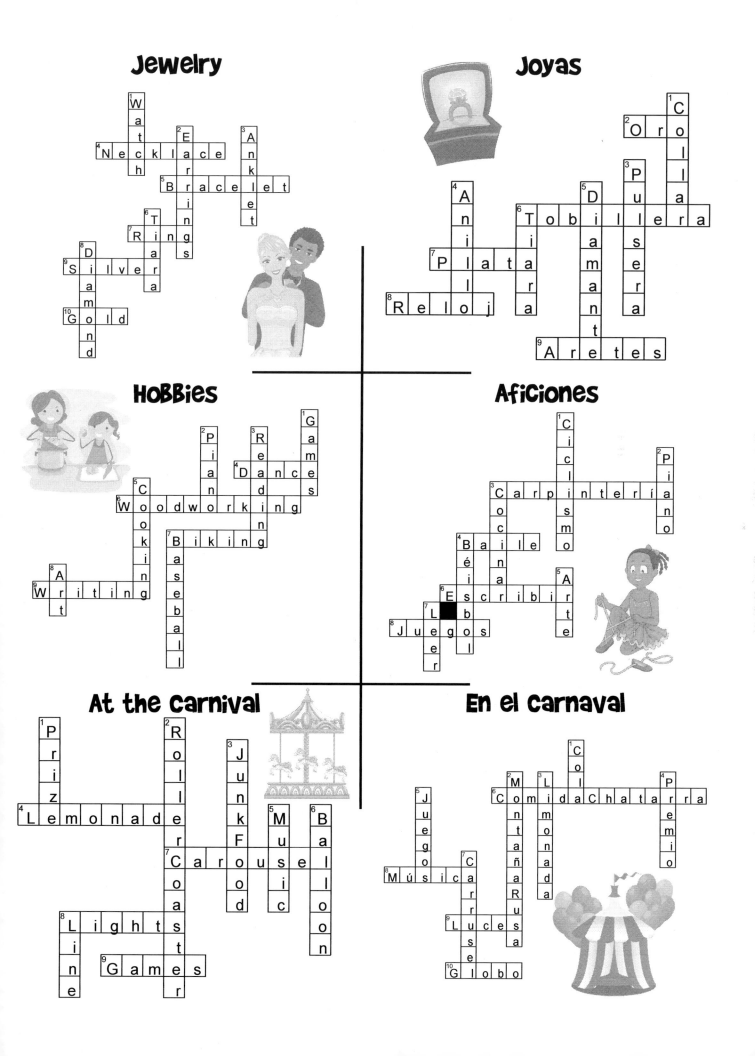

# Jewelry

Across:
4. Necklace
5. Bracelet
7. Rings
9. Silver
10. Gold

Down:
1. Watch
2. Earrings
3. Anklet
6. Tiara
8. Diamond

# Joyas

Across:
2. Oro
6. Tobillera
7. Plata
8. Reloj
9. Aretes

Down:
1. Collar
3. Pulsera
4. Anillo
5. Diamante

# Hobbies

Across:
4. Dance
6. Woodworking
7. Biking
9. Writing

Down:
1. Games
2. Piano
3. Reading
5. Cooking
6. Baseball
8. Art

# Aficiones

Across:
3. Carpintería
4. Baile
6. Escribir
8. Juegos

Down:
1. Ciclismo
2. Piano
3. Cocina
4. Béisbol
5. Arte
7. Leer

# At the Carnival

Across:
4. Lemonade
7. Carousel
8. Lights
9. Games

Down:
1. Prize
2. Rollercoaster
3. Junk Food
5. Music
6. Balloon
8. Line

# En el carnaval

Across:
6. Comida Chatarra
8. Música
9. Luces
10. Globo

Down:
1. Collar
2. Montaña Rusa
3. Limonada
4. Premio
5. Juego
7. Carrusel

# In the Desert

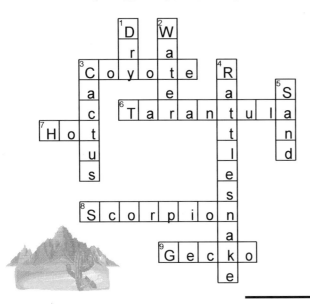

```
        ¹D   ²W
         r    a
    ³C o y o t e      ⁴R
     a        t       a        ⁵S
     c    ⁶T a r a n t u l a   a
 ⁷H o t        r       t        n
     u        t       l        d
     s                e
                      s
              ⁸S c o r p i o n  a
                      ⁹G e c k o  k
                                  e
```

# En el Desierto

```
          ¹S  ²C              ³T
      ⁴A r e n a               a
       g    c    l            r        ⁵E
       u    o    ⁶S e r p i e n t e d e c a s c a b e l
       a    n               n        s
           ⁷C a c t u s     t        c
            o              u         o
           ⁸G e c          l        r
            o              a        p
            y                       i
            o                       ó
            t                       n
            e
```

# Things in the Sky

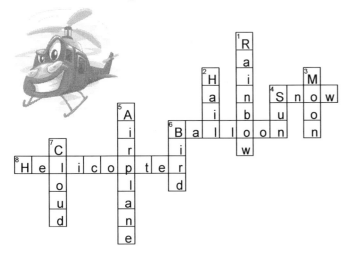

```
                    ¹R
              ²H    a        ³M
         ⁵A   a    i    ⁴S n o w
          i   ⁶B a l l o o n  o
  ⁷C      r        b    u     n
⁸H e l i c o p t e r    w
  l   d        l
  o            a
  u            n
  d            e
```

# Cosas en el Cielo

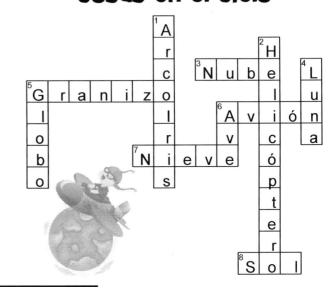

```
              ¹A
               r
               c            ²H
      ⁵G r a n i z o   ³N u b e      ⁴L
       l       r            l        u
       o       r    ⁶A v i ó n       n
       b       s     v      c        a
       o      ⁷N i e v e     ó
                     r       p
                             t
                             e
                             r
                          ⁸S o l
```

# In the Big City

```
 ¹S                        ²L    ³B
  k                         i     r
  y                 ⁴A      b     i
  s            ⁵T a x i     r     d
  c             r    r     ⁶A p a r t m e n t
  r             a    o      y     g
  a       ⁷M    i    r
⁸R e s t a u r a n t        ⁹S t r e e t
  p       s    i
  e       e
  r       u
          m
```

# En la Gran Ciudad

```
                      ¹B
              ²T a x i
          ³R          l
⁶R        e           i        ⁴M        ⁵P
⁷A p a r t a m e n t o         u         u
 s        s           ⁸T r e n         n
 c        a          ⁹A e r o p u e r t o
 a        u           c
 c        r          ¹⁰C a l l e
 i        a
 e        n
 l        t
 o        e
 s
```

# Outer Space

# Espacio Exterior

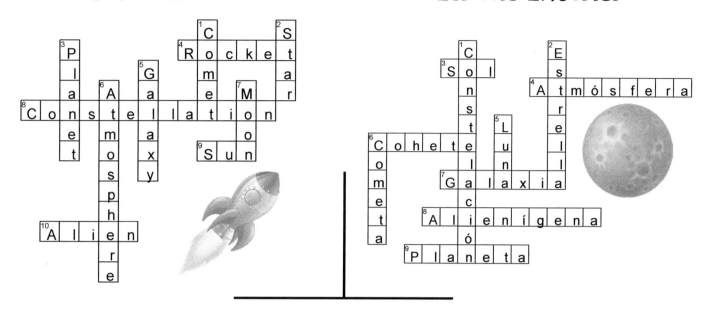

Outer Space crossword:
- ³P
- l
- a
- ⁶A
- ⁸Constellation
- t — m — a
- ⁵G — o — x
- s — y
- ¹C
- ⁴Rocket ²Star
- m — t
- e — a
- ⁷M — r
- o
- ⁹Sun
- ¹⁰Alien
- p
- h
- r
- e

Espacio Exterior crossword:
- ¹C
- ³Sol
- n
- s
- ⁶Cohete ⁵Luna
- o
- m — ⁷Galaxia
- e
- t — ⁸Alienígena
- a — ⁴Atmósfera
- ²Estrella
- ó
- ⁹Planeta

# Free Download!

## Like this book?

Join our VIP mailing list and get a _FREE_ 70 page printable PDF _Holiday Activity Book for Kids_! It includes crosswords, word searches, picture matching, and coloring activities for ages 4-10!

Holidays include:
  Martin Luther King Jr. Day
  Valentine's Day
  St. Patrick's Day
  Easter
  Earth Day
  4th of July
  Halloween
  Thanksgiving
  Hanukkah
  Christmas

# Get started here:

## www.woojr.com/VIP

Made in the USA
Middletown, DE
09 September 2018